코인 묵시록

크아동사들

김태권 글·그림

머리말

2018년에는 비트코인을 사면 일확천금한다고 했다. 2019년에는 비트코인을 산 사람은 망한다고 했다. 2021년에는 다시 일확천금한다고 했다. 2022년에는 망한다고 했다. 그런데 "비트코인, 70% 상승하며 (2023년) 1분기 최고 실적 자산"이라는 기사가 2023년 4월 3일자 디지털애셋에 실렸다. 앞으로도 한동안 이럴 것 같다.

가상자산의 인기가 어느 날 갑자기 시들해지지 않을까? 그럴 수도 있고, 아닐 수도 있다. 앞일은 모른다.

안전자산인 현찰과 비교하면 어떨까. 옛날 사람들은 현찰도 안 믿었다. 현찰을 들고 가면 정부가 금이나 은으로 바꿔주었다(어려운 말로 '태환 화폐'라고 한다). 그러다 미국 정부가 '달러를 가져와도 금으로 안 바꿔준다'고 선언한 때가 1971년이다. '다른 자산은 못 믿겠고 현찰만 믿겠다'고 생각한 시절이 한두 세대밖에 되지 않는다. 현찰의 인기가 갑자기 사라지지는 않을 것이다. 정부라는 '큰손'이 플레이어로 들어와 있기 때문이다.

가상자산시장에도 옛날보다 큰손이 늘었다. 지금은 알 수 없는 어떠한 이유로 미래의 어느 날 큰손들이 갑자기 빠져나갈 가능성이 없다고는 말 못 하지만, 가상자산시장은 한동안 무너지지 않을 것 같다. 그래도 걱정되는 일이 있다. 톨스토이는 "사랑이 있는 곳에 신이 있다"고

썼거니와, 돈이 있는 곳에는 사기꾼이 있다. 현실세계의 돈이 가상세계로 흘러들어가며, 현실세계의 사기꾼이 가상세계로 따라온다.

별별 사기 방법을 가상자산시장에서 확인할 수 있다. 사건 사고가 끊이지 않는다. 만화가의 눈에 이 상황이 들어오지 않을 리 없다. 그래서 나는 『코인묵시록』 만화를 그렸다(지면을 내준 지식 웹툰 플랫폼 '이만배'의 이정헌 피디께도 고맙다).

독자님께 바란다. 심각한 사건들이지만 재미있게 봐주시기를. 으레 하는 말이 아니라 진심이다. 직접 당하지 않은 일이어야 재미있게 볼 수 있다는 뜻으로 드리는 말씀이다. 독자 여러분이 이 책에 등장하는 사기를 당하지 않기를 바라며 이 만화를 그렸다. 혹시라도 투자 때 '이건 『코인묵시록』 만화에서 본 ○○ 사기와 비슷한데…' 하고 떠올라서 다시 한번 투자할 자산이 안전한지 확인하게 된다면, 만화를 그린 사람으로서 큰 보람이 될 것 같다.

2023년 봄
만화가 김태권

차례

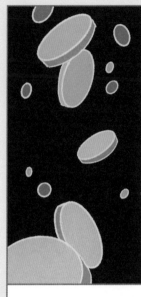

저 사람들은
어쩌다 저런 일을
하고 있을까?
안쓰러웠다.

그런데 이랬던 내가

2021년에는 블록체인 회사에서
일을 했다(재미있었다).

지금은
쉬어요.

NFT

하루는 코인 기사를 읽으며
길을 걷다가,

개미굴에
빠지고 말았다.

제1부

펌프&덤프

1화
써스크의 대모험

은행에서 종이 서류가 사라지는 날이 곧 올 것

…이라며 고등학생 때 머스크가 말했다고 옛날 친구는 회고하는데,

이것이 사실이라면 일찍부터 가상의 화폐에 관심이 있었단 뜻인데,

정작 머스크 본인은

기억이 안 나지롱

이라는 반응이다.

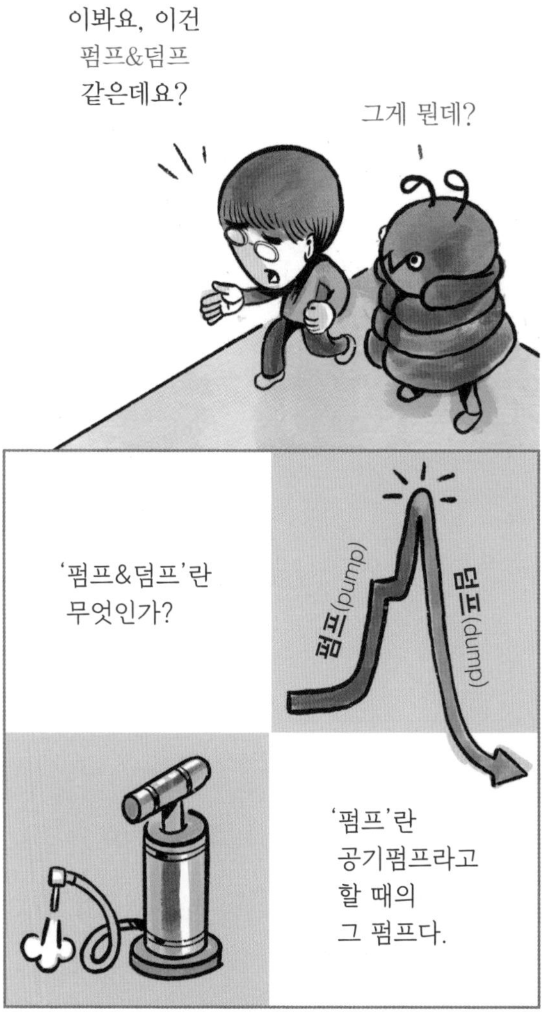
이봐요, 이건
펌프&덤프
같은데요?
그게 뭔데?
'펌프&덤프'란
무엇인가?
펌프(pump)
덤프(dump)
'펌프'란
공기펌프라고
할 때의
그 펌프다.

큰손 몇이서
코인이 쌀 때
사들이면,

너도나도 덩달아
코인을 사들여
가격은 '펌핑'.

'덤프'는
덤프트럭이라 할 때
그 덤프다.

코인이 비쌀 때
내다 팔고
시장을 떠나면,

머스크는 대체
왜 이런 짓을
하는 걸까?

흠.

머스크와
펌프&덤프로
구글링을 해보면,

전 세계 사람이
이 문제로 토론
중이란 사실을
알 수 있다.

가상자산의
세계에
오신 것을
환영합니다.

(영혼 없는 표정)

재밌어요.

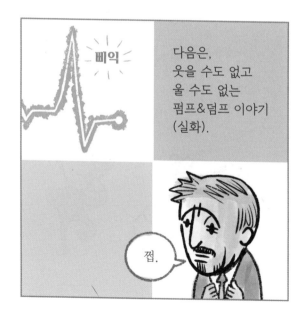

삐익

다음은,
웃을 수도 없고
울 수도 없는
펌프&덤프 이야기
(실화).

쩝.

2화
맥아피와
위험한 제안

걱정 마라,
작전세력보다
내가 먼저 팔고
튀면 된다.

그런 게
될 리가.

아니나 다를까,
또 잃고 말았다.

펌프&덤프의
가격 그래프는
피뢰침 모양
같다고들 한다.

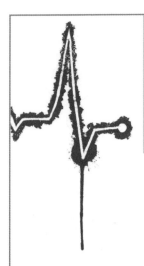

내가 보기엔
꺼져가는
심장 박동 같다.

미리 알고
들어온 큰손은
이익을 본다.

따라 들어온
개미는
손해를 본다.

펌프&덤프는
큰손이
개미 투자자의 돈을
쏙싹하는 구조다.

옛날
주식시장에서는
작전 한 번에
몇 주~몇 달이
걸렸다고 한다.

그런데 요즘
코인시장에서는
몇 초~몇 분이면
충분하다.

막기도 어렵고
잡기도 어렵고

잡아도
법으로 처벌하기
어렵다.

디스코드나
텔레그램으로
사람을 모으기도
하고,

챗
챗

투자 정보라며
유튜브를
악용하기도 한다.

툽
툽

제일 크게
해먹는 방법은
유명인의 얼굴을
빌리는 작전이다.

오, 그래,

'이 사람'이
추천하는 코인이라면
관심이 가.

돈도 많고
컴잘알이고
이름도 한 번쯤은
들어봤고

왠지
코인에 대해서도
빠삭할 것 같은
'이 사람'.

바로 우리가
원하는 사람이지.

움핫핫.

이렇게
엮여 들어온
사람이 바로
존 맥아피.

'맥아피 백신'으로
유명한 그 사람
맞다.

나야, 나.

맥아피가
컴퓨터 백신 회사를 차린 때가
1989년이다.

힝.

떠돌이 생활이
길어지자
돈이 더 필요했다.

2017년 무렵
맥아피는 수상한
코인 사업을
제안받는다.

그의 운명을,
여러 사람의 운명을
영원히 바꿔놓을
제안이었다.

과연
어떤 제안
일지···

코인 록시록

맥아피와
펌프&덤프

마약(!)을 하고
컴퓨터에
총을 난사하고

온갖 기행을
영상으로 올려
유튜브 스타가 된
존 맥아피.

2017년, 그런 그를 찾아온 사람이 있었다.

오잉?

일주일 만에 의기투합한 두 사람.

맥아피는
자기의 무서운 힘을
깨달았다.

홋.

펌프&덤프는
보통 네 단계로
이루어지죠.

① 코인을 사들인다.

② 남들도 코인을
사게 만들어
값을 올린다.

③ 코인이 비쌀 때
팔고 튄다.

④ 코인 값이
폭락하고
와장창창.

존 맥아피는
2단계 '펌프'
역할에 맞춤했다.

내가 띄우면
코인이 뜬다.

맥아피는
돈을 받고
코인을 추천하기
시작한다.

트윗 한 번에
10만 5,000달러씩
받았다고 한다.

주식시장의
IPO(기업 공개)와
비슷하다.

 … 다만,

주식시장에서는
금융 당국이
IPO 조건을
까다롭게 달지만,

코인시장에서
ICO 할 때는

 그런 거 없다.

투자자에 대한
법적 보호가
전혀 없는 상황.

양심 없는 양반들이
아무 코인이나
발행하면,

맥아피는
뒷돈을 받고
추천 트윗을 쌌고,

개미들은
우르르 사들이고
(펌프)

작전세력은
우르르 팔아치웠다.
(&덤프)

수많은 사람이 펌프&덤프에 걸려들어
재산을 잃고 고통을 겪었다.

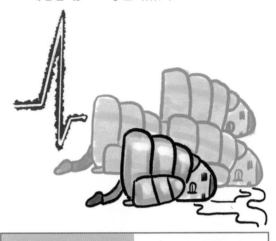

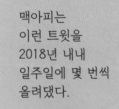
맥아피는
이런 트윗을
2018년 내내
일주일에 몇 번씩
올려댔다.

'ICO 뒷돈'으로
2,300만 달러가
넘는 이익을
올렸다고 한다.

끝이 좋을 리 없었다.

맥아피는
스페인의
은신처에서
체포된다.

2021년,
미국 송환을 앞두고
감방에서 스스로
목숨을 끊는다.

모두가 불행한 결말이었다.

제2부

도건과
테라·루나 코인

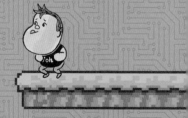

4화

도권과
스테이블 코인

뚝 떨어져도
속상하지만

너무 올라도
속 터지는 것이
코인 값이다.

2010년 5월 22일,
래슬로 핸예크는
1만 비트코인으로
피자 두 판을
시켜 먹었다.

후루룩

지금 돈으로 3,000억 원.

핸예크 본인은
"불만 없다"고
훗날 밝혔으나,

해탈

괜찮아유~.

허탈

보는 사람들은
아까워 미칠 지경.
(피자 먹고 싶다.)

값이 널뛰는 것을

변동성이 크다

고 말한다.

변동성이 너무 크면 물건을 사고팔 때 사용할 수 없다.

그래서 나온 것이 '스테이블 코인'이다.

스테이블
코인이란
무엇?

(예를 들어)
1달러=1코인이라고
'페깅'해놓은
코인이다.

'페깅'이란
또 뭔데?

콩콩콩

텐트 칠 때
박는 못을
'펙'이라고 부른다.

'달러에 페깅했다'는
말은,
'1달러=1코인'으로
못 박았다는 뜻.

말은 쉬운데
쉬운 일이 아니다.

'고정환율'
같은 거죠.

달러 가치가 오르면
코인도 올라야 하고

달러가 떨어지면
코인도 내려야 한다.

이런 것이
쉬울 리가.

코인 록시록

가능은 한 걸까?

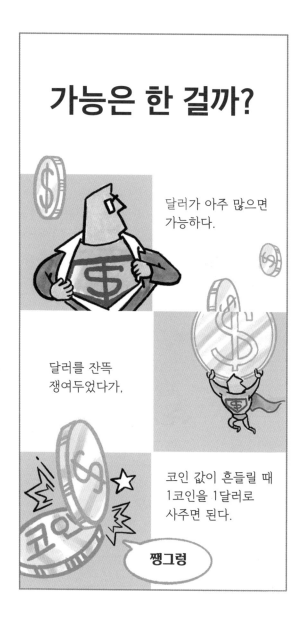

달러가 아주 많으면 가능하다.

달러를 잔뜩 쟁여두었다가,

코인 값이 흔들릴 때 1코인을 1달러로 사주면 된다.

쨍그렁

쟁여둔 달러는
코인 가치에 대한
담보가 된다.

이 몸이
보증한다.

이 유형을
담보형 스테이블
코인이라고 한다.

어려운 얘기
싫은데.

코인은 달러에 대한
1:1 교환 쿠폰인 셈.

그럴 거면
그냥 달러를 쓰지
뭐 하러 코인을?

라고 묻고 싶긴 한데,

생각해보면 달러도 원래는 황금에 대한 교환 쿠폰이었다. 1971년까지 그랬다.

그랬나?

자세한 것은 화폐의 역사를 찾아보세요.

어려운 이야기 끝.

재미없는 이야기를 왜 길게 늘어놓지? 혼나볼래?

아아, 그건

도권(한국 이름 권도형)

이 박력, 이 자신감, 완전 내 스타일이야.

이봐, 정신 차려.

도권은 한동안 투자자들 사이에서 록스타 같은 인기를 누렸다.

훗.

그러다 2022년에 파국이 찾아왔다.

5화
도권과
죽음의 소용돌이

'1테라=1달러'는
한동안
깨지지 않았다.

유명한 사업가도
테라를 밀어줬다.

테라로
결제받겠ㅎ성~.

(테라는 안 오르니)
루나의 값이 올랐고,
도권은 "천재"
소리를 들었고,

투자자들은 한동안
이익을 봤다.

1테라 값이 잠시
1달러 아래로 떨어져도
1달러어치 루나로
바꿔줬기 때문에

테라를
루나로 바꾸는
차익 거래만 해도
수익이 쏠쏠했다.

차익 거래 말고도
이익을 볼 방법이
몇 가지 더 있었죠.

다음 화에서 ~
설명드리겠습니다.

좋은 시절이
한나절 사이에
끝이 났다.

2022년 5월,
어떤 큰손이
엄청 많은 테라를
팔아치웠다.

코인 묵시록

알고리듬은
테라를 사들인다며
자동으로
루나를 찍어냈다.

마구 찍어냈다.
너무 많이 찍어냈다.

6억 개 남짓하던 루나코인이
몇 시간 만에 6조 개를 넘었다.

루나가 떨어지며 테라도 떨어졌고
테라가 떨어지며 루나도 떨어졌다.

죽음의 소용돌이
(데스 스파이럴)
라고 부릅니다.

테라와 루나의 값은
복구할 수 없을 만큼
곤두박질쳤다.

가상자산시장
전체에
타격을 줬다.

테라를 팔아치운
최초의 큰손은
도대체 누구였을까?

큰손들이 코인을 팔아치우자
'패닉셀'이 일어났다.

패닉셀이란 무엇인가?

패닉은 공황이란 뜻,
'패닉에 빠졌다'고
할 때의 그 패닉이다.

코인(주식) 매물이
쏟아질 때,
사람들은 겁이 난다.

'값이 더 떨어질까'
패닉에 빠져,
코인(주식)을
팔려고 내놓는다.

매물이 더 나오니
값은 정말로
더 떨어진다.

테라와 루나가
폭락할 때도
패닉셀이 일어났다.

테라를 처음 내다 판
최초의 큰손
'지갑A'는 누구일까.

Obviously.

테라 쪽에서는
지갑A의 정체가
월스트리트의
큰손이라고 주장했다.

Doh

그런데 2022년 6월,
무시무시한 의혹이 제기되었다.

왜 그런 눈으로
날 쳐다보는데?

움살라시큐리티와
코인데스크 코리아가
블록체인 데이터를
분석한 결과,

지갑A의 정체는
테라 쪽 관계자라는
것이다.

뭐?

사실이라면
대체 왜
이런 짓을
했을까?

이해하기 힘든
일이긴 하다.

그러게
말예요.

(혹시 테라 값을 자기 손으로 떨어트린 후
루나로 되팔아 차익 거래를 하려던 걸까?)

의혹일
뿐입니다만.

물론 테라 쪽은 자전 거래 의혹을 부인하고 있고,

아님!

알쏭달쏭

앞으로도 의혹이 깔끔히 풀릴 것 같지는 않다.

궁금한 점은 또 있다.

이맘때쯤 테라 값이 훅 빠질 것

이라는 사실을, 다른 큰손들은 어떻게 미리 알았을까?

6화
도권의 몰락

테라와 루나가 인기 있던 이유는

나, 도권이
멋있어서?

가 아니고
수익을 올릴 방법이
다양했기 때문이다.

D'oh

의 약자다.
간단히 말해

은행 없이
금융을 하겠다는
이야깁니다.

decentralized finance

은행 없이
가능한가?

기술적으론 가능하다.

스마트컨트랙트
기술로 된대요.

문제는 '돈'이다.

디파이는
코인 환전과
코인 대출을
서비스했는데,

환전을 하려 해도
대출을 하려 해도
코인이 많아야 한다.

많은 디파이 서비스가
화끈한 이자를 약속했
다.

그런데 아시다시피,
이자는
'돈의 가격'이다.

장사를 할 때,
비싼 가격에 사서
싸게 팔면 망한다.

많은 디파이 서비스가
화끈하게 비싼 값에
돈을 사들인 셈이다.

눈물의 폐업!
비싸게 산 돈
싸게 팝니다.

14만 5,088%였다.

예?
뭐라고요?

(크로노스다오는
2022년 여름에
문을 닫았다.)

테라·루나 사태가
터지고 석 달 후,
도권은
인터뷰를 했다.

...

그땐
낮은 이자 같았는데,
나중에 드러난 걸 보니
높은 수준이다.

계산 끝에 나온 '운명의 날'은
2022년 여름이었다고 한다.

복잡한데?

정리해 볼게.

지금까지 알려진 테라와 루나의 몰락 과정은 다음과 같다.

히잉.

① 앵커프로토콜은 20%의 비싼 이자를 주느라 '준비금'을 까먹고 있었다.

② 준비금이 바닥나는
   날짜를 큰손들은
   알았다고 한다.

③ 운명의 날이
   가까웠을 때,
   '지갑A'가 테라를
   대량으로 매도했다.
   (자전 거래?)

④ 시장은
   패닉에 빠졌고,
   패닉셀이 일어났다.

올 것이 왔군.

⑤ 테라가 쏟아져
   값이 떨어지자
   알고리듬이 루나를
   마구 찍어냈다.

⑥ 루나가 떨어졌다. 테라가 떨어졌다.
둘이 손을 맞잡은 듯 폭락했다.

무엇이 가장 문제였을까요?
'20% 이자'가? '지갑A'가?
고삐 풀린 알고리듬이?

제3부

코인 거래소 잔혹사

2022년 5월,
지옥 입구를
구경하고 돌아온
가상자산 산업.

반년 지나 11월에
또 한 번 지옥문이
열릴 줄이야!

7화

FTX 제국과
코인런

샘(SBF)이 이끌던
코인 거래소 FTX는
무서운 기세로
성장했고,

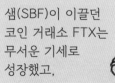

거래소 바이낸스를
이끌던 창펑(CZ)은
그런 그를
불안하게 바라보았다.

따라잡힐까 봐
두려운 것만은 아냐.
그보다도

글쎄.

샘(SBF)이
큰 사고를 칠 것 같아
불안해…

알라메다는
샘(SBF)이 세운
투자회사다.

우리 돈
많아요.

자산이 많다고
자랑했다.
그 자산을 담보로
대출을 받았다.

FTT는
FTX 거래소가
발행한 토큰이다.

샘이 찍어낸
코인이군.

잘 팔린다고
자랑했다.
거래소는
세계 3위로
성장했다.

FTT를 사주는 곳이 자기 회사 알라메다였고,
알라메다의 자산이 자기네 코인 FTT였다.

팔면서 이런 트윗도 했다(11월 7일).

FTX 거래소에 맡긴 돈을 사람들이 뽑아갔다. 거래소가 휘청일 지경이었다.

'뱅크런'에 빗대 '코인런'이라고 부르더라고요.

11월 8일, 샘(SBF)은 백기를 들었다.

바이낸스에 FTX를 팔게요. 돈 주세요.

FTX를 합병 하란 말이지?

사람들은 앞다투어 FTX에 맡긴 돈을 뽑아갔다.

내 돈!

11월 11일, FTX는 파산을 신청했다.

...

이건 시작일 뿐, 캐스케이드 효과가 뒤따를 거야.

... 캐스케이드는 또 뭐람?

FTX 사태

트윗 두 방에 무너진 FTX 제국!

창펑자오(CZ)가
공격하지 않았다면
FTX는 무사했을까?

글쎄, 한동안은
버텼을지도 모른다.
그러나,

결국은 무너졌을 터다.
경영이 엉망이었으니까.

회사가 무너지며 각종 비리가 들통났다.

FTX 거래소에 맡긴
고객 자금을 알라메다에
빼돌린 일도 들통났죠.

에라이.

이런 회사는 처음이다.
회사 경영 자료가 엉망이다.
직원 명단조차 없다.

존 레이 3세(FTX의 새 CEO)

FTX 사태는 언제 터져도 터질 일이었다. 이런 폭로는 빠르면 빠를수록 좋다.

마이클 케이시(저널리스트)

문제는 FTX 파산의 여파다.

멀쩡해 보이던 회사들이 도미노처럼 무너지기 시작했다.

폭포수가 쏟아지듯
시장이 우르르
무너질지도 모른다.

캐스케이드 효과

라고 창펑자오가
말한 것은 그래서다.

캐스케이드
(cascade)는
영어로 '폭포'라는
뜻이다.

마운트곡스는
한때 세계 최대의 코인 거래소였다.

그런데
그런 큰 곳이,

한참 동안
해킹을 당하면서도
그 사실을 몰랐다니

어이가 없는 일이다.
(결국 마운트곡스는
해킹에 탈탈 털려
문을 닫는다.)

한국의 거래소
코인네스트는

당신네 코인을
우리 거래소에
상장시켜준다

며 뒷돈을
받기도 하고,

서버를 조작해
수백억 원을 충전,
자기네 거래소에
매물로 나온
코인을 사들였다가

2018년에
대표 ㄱ씨가
잡혀갔다.

오,
이런.

믿을 만한 거래소가
그래서 중요하다.

그렇군.

거래소의 흑역사는
많고 많지만,
그중 으뜸은 역시

캐나다의 거래소
쿼드리가CX
이야기일 것이다.

스마일 맨의 죽음

9화

(질문)
내 돈 주고 거래소에서 산
비트코인은

내 비트코인일까,
아닐까?

(답)
내 것일 수도 있고
아닐 수도 있다.

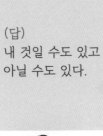

뭐야,
그런 대답이
어디 있어?

거래소는 내 돈을 받고
거래소의 내 계좌에
비트코인을 넣어준다.
그런데,

보통은 비트코인이
거래소의 내 계좌로
들어가는 것이지,
나의 전자지갑으로
들어오는 게 아니다.

거래소 계좌만 보면
내 비트코인이
맞는 것 같은데,

내돈내산!

블록체인을 보면
비트코인은
거래소의 전자지갑에
들어가 있다.

거래소에 탈이 나면
내 비트코인이
내 것이라고 증명할
방법이 없다.

누구시죠?

나야, 나.

그렇다고 번번이
개인 전자지갑을
이용하기도 번거롭다.

비밀번호 노릇을 하는
'개인 키'라도
잃어버리면
정말 큰일이다.

영국의 제임스 하웰스는
2009년에
7,500비트코인을
채굴했는데
(지금 돈 2,000억 원)

개인 키가 저장된
하드디스크를
실수로 내다 버렸고,

호옹이

2013년부터 지금까지
영국의 쓰레기장을
뒤지고 있다.

반전에 반전을 거듭한
제럴드 코튼 사건 역시

처음에는 단순한
키 분실 사건처럼
보였다…

캐나다 사람 제럴드 코튼,
별명은 '스마일 맨'이었다.

비트코인 모임에
피자를 한턱
내곤 했다.
인기가 많았다.

2013년 11월에
사업가로 변신했다.
'쿼드리가CX'라는
거래소를 열었다.

마침 세계 최대의
비트코인 거래소였던
마운트곡스가
사고를 치고
문을 닫았다.

마크 카펠레스
(마운트곡스의 대표)

이용자가 몰렸고
쿼드리가CX는
번창했으며,

제럴드 코튼은
큰돈을 벌었다.

세계 일주도 했고
2018년에
결혼도 했다.

아내 앞으로
재산을 남긴다는
유언장도 썼다.

유언장을 쓴 지
12일 만에 죽었다.

뭐?

여행지 인도의 병원에서
숨졌다는 것이다.

놀랄 일이 더 있었다.

제럴드 코튼 말고는
거래소의 키를
아무도 몰랐다.

암호는
나만 앎.

76,000명의 자산
2억 5,000만
캐나다달러가 영영
사라져버린 셈이다.
(2,600억 원꼴)

그리고 보니
수상한 점이
한둘이 아니었다.

하필 왜 그때
유언장을 썼을까?
하필 왜 멀리
인도에서 죽었을까?

제럴드 코튼의
수상한 과거도
밝혀졌다.

15세 나이에
금융 사기에 가담한
전력이 있었다.

'죽음'(?)을 맞기 얼마 전부터
쿼드리가CX는 출금도 막혀 있었다.

제럴드 코튼은
정말 죽은 걸까?

혹시 죽은 척하고
재산을 빼돌린 건 아닐까?

제럴드 코튼의
미스터리를 파헤치던
캐나다 기자가
인도를 방문하여

충격적인 사실을
밝혀내는데!

10화

제럴드 코튼과
사라진 코인

수천억 원 자산의
암호 키를
아무에게도
알리지 않은 채
숨겼다는(?)
제럴드 코튼.

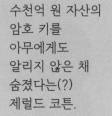

피해자들은
코튼이 살아 있다고
의심했다
(그럴 만했다).

코튼을
찾아라!

죽지 않은 채
재산을 빼돌렸다고
굳게 믿었다.

인도에서 떼었다는
사망진단서도
의심스러웠다.

철자가
틀렸어.

사기 사건에
엮인 적 있는
병원이었다.
의사를 의심하는
사람도 있었다.

캐나다 기자가
비행기를 타고
인도까지 찾아갔다.
그 결과
알아낸 것은…

제럴드 코튼이
정말로 죽었다는
사실이었다.

그, 그럼
우리가 맡긴
자산은;;;

그래도 부주의한
사람이었을 뿐,
사기꾼은 아니었네.

… 과연
그럴까?

반전의
또 반전!

얼마 후
캐나다 금융 당국이
더 충격적인
발표를 했다.

코튼이 죽기 전
거래소는 이미
비어 있었다는
사실이다.

사라졌네?

비트코인은
어디로 갔을까?

비트코인에는
익명성이 있다

고들 이야기한다.

반은 맞고 반은 틀린 이야기다.

비트코인의 소유주가
누구인지는
본인이 밝히지 않으면
알 수 없지만,

비트코인이 오고 간
거래 내역은
추적할 수 있다.

어떤 면에서는
현찰 거래보다
투명하다고도
하더라고요.

거래 내역을
몰래 숨기거나
위조, 변조할 수
없으니까요.

제럴드 코튼의
지갑을 열어볼 순
없었지만,

코튼의 지갑에서
얼마가 어디로
빠져나갔는지는
알 수 있었다.

죽기 한참 전에 이미
횡령한 코인을
코인 투기로
날려버렸다는 것.

세계 일주나
떠나자.

지금까지
알려진 사실을
시간 순서로 정리하면
다음과 같습니다.

① 제럴드 코튼이 과거를 숨기고 거래소 쿼드리가CX를 세웠다.

② 고객의 돈으로 산 비트코인을 다른 거래소로 몰래 빼돌렸다.

③ 횡령한 돈으로 코인 투기를 해 대부분을 날렸다.

쉿, 아직 비밀이야.

④ 그러건 말건
세계 일주를 떠났고
결혼도 했다.
유언장도 썼다.

⑤ 우연히 그때
인도에 갔고,
우연히 그때
숨을 거두었다.

⑥ 암호 키가
영영 사라져
거래소 고객들이
충격에 빠졌다.

⑦ 제럴드 코튼이
살아 있으며
재산을 빼돌렸다는
음모론이 등장했다.

⑧ 제럴드 코튼은
   정말 죽었고,
   거래소 지갑은
   오래전에
   비었다는 사실이
   밝혀졌다.

제럴드 코튼이
암호 키를 제대로 보관했어도,
인도에서 죽지 않았어도,
투자자들은 돈을 돌려받지
못했을 것이다.

궁금한 것이 있다.

코튼의 횡령이
어떻게 오랫동안
들통나지 않았지?

11화

찰스 폰지와 후계자들

이 멋쟁이 신사는 찰스 폰지다.

오, 나한테
돈을 맡겨요.

혹시,

'국제반신권'이라고
들어봤나요?

당신이
모르면
나야 더
좋지만.

편지를 보낼 때는
봉투 겉면에
우표를 붙인다.

10

30

그런데 봉투 안에
새 우표를 사서
넣는 경우가 있다.

이럴 때 쓸 방법을
폰지는 알고 있었다.

내가 만든
방법은
아니지만,

훗날 '폰지 사기'로
널리 알려질
방법이었다.

무슨 배짱이었을까?
찰스 폰지는
투자받은 돈으로
국제반신권을
사지 않았다.

폰지는 큰돈을
주무르게 되었다.

우리 속담으로는

'아랫돌 빼서
윗돌 괴기'

서양 속담으로는

'베드로 것 뺏어
바울한테 주기'

적지 않은
디파이 서비스들이
폰지 사기 아니냐는
의심을 받았고,

막대한
이자를
드려요.

쿼드리가CX 거래소는
원금을 까먹고도
폰지 사기로
버틸 수 있었다.

코튼이
죽기 전에
들통나지 않은
'비결'이었죠.

옛날 사용자가 출금을 원하면,

새로운 사용자가 입금한 돈으로 돌려 막기를 했다.

그런데 정말 끔찍한 조합은 따로 있지요.

안절 부절

제4부

코인으로 만든
불법 제국

크립토여왕과 원코인

비트코인은
가상자산의
정상에 있다.
그런데,

12화

'비트코인 킬러'를
자처하고 나온
코인이 있었다.

크립토의 여왕
루자 이그나토바가
이끌던
'원코인'이었다.

원코인이
비트코인보다
우월한 점,
첫 번째.

비트코인을 만든
사토시 나카모토는
정체불명의
프로그래머!
반면,

원코인을
만든 사람은 누구인지
잘 알려져 있지.
바로 나,
루자 이그나토바 박사.

뭐, 그건
그렇다
치고.

원코인이 비트코인보다
우월(?)한 두 번째 이유.

비트코인은
채굴도 구입도
컴퓨터를 잘 아는
사람만 할 수 있지.
하지만,

음?
뭐지?

그게 무슨
블록체인이람?

블록체인은
어째서 주목받았나?
탈중앙화 덕분이었다.

(탈)

탈중앙화라서
중앙서버가 없다.
중앙서버가 없으니
해킹을
당하지 않는다.

위조나 변조 등
데이터가 조작될
위험이 없다.

중앙정부도
중앙은행도
거대 기업도
이 돈의 흐름에
손댈 수 없다.

돈이 오고 가는
데이터가
전 세계에 널리널리
퍼져 있기 때문이다.

13화
코인으로 쌓아올린
피라미드

엄마친구아들이
주식으로 큰돈을
벌었다던데.

주위 사람은
전부 코인을
하는 것 같고.

두려워, 나만 뒤처진 것 같아서!

사실 나도.

비트코인 값이 치솟는 것을 보며 많은 사람이 '포모'에 빠졌다.

'포모'란 무엇?

Fear
Of
Missing
Out

포모(FOMO)란 자기만 "유행에 뒤처지나 두렵다"는 심리 상태다.

"매진 임박"
네 글자만 보면
냉큼 지르는 사람이
있다(내 얘기다).

덥석

원코인 쪽에서
비트코인을
물고 늘어진 것도
그래서다.

비트코인은
이미 값이
너무 올랐어.

와와와.

우리 원코인은 비트코인 킬러.

2년 후에는 아무도 비트코인 이야기를 하지 않을 것이다.

루자 이그나토바는 사이비 종교 지도자 같은 영향력을 행사했다.

불신지옥.

코인 묵시록

원코인은
다단계 코인이었다.
루자 이그나토바는
다단계 전문가
서배스천 그린우드와
손잡고
원코인을 설계했다.

그들은
이호르 알베르츠를
끌어들였다.
이호르 알베르츠는
30년 경력의
다단계 판매업자였다.

BBC에 따르면
그 재테크 교재마저
표절이었다고 한다.

인생이란
그런 거지.

처음부터 진지하게
블록체인 사업을 할
생각이 없었나 봐요.

루자 이그나토바는 어쩌면
연애 사업에 더 신경을 썼을지도
모른다.

안녕.

이 사람은
길버트 아르멘타,
돈세탁을 맡았다.

여기에
러시아 마피아까지
끼어들었다…

한 치 앞을 내다볼 수 없는
상황이었다.

14화

크립토여왕은 어디로?

수백만의 추종자가
루자 이그나토바의
뒤를 따랐다.

FBI도 몰래
뒤를 밟았다.

러시아 마피아도
뒤를 쫓았다.

안녕히 계세요,
여러분! 저는
이 세상 책임을
벗어던지고
제 행복을 찾아
떠납니다!

기억난다.

~ 맞아, 이 냄새는…
먹튀의 냄새였어.

2019년 봄,
콘스탄틴 이그나토프가
체포되었다.
그는 이그나토바의
동생이었다.

아이고,
이런.

그해 가을,
이그나토프는
범행을 시인했다.

원코인은
블록체인을 빙자한
불법 다단계
사기였던 것이다.

루자 이그나토바는 여전히 행방불명 상태다.

피해액은 5조 원, 피해자는 300만 명이 넘을 것으로 추산된다.

무시무시 하네요.

코인 록시록

코인 묵시록

코인 흑시록

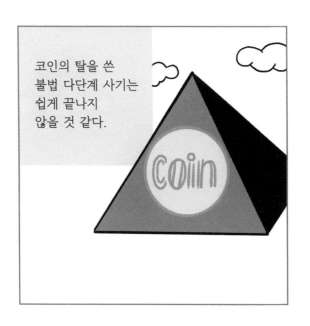

그런데 2022년,
피해자들은
수상한 제안을
받는다.
피해액을
돌려받고
싶으시죠?
그렇다면,
○○코인을
드릴게요!
○○코인으로
말씀드리면…
아이고,
징하다.

코인의 탈을 쓴
불법 다단계 사기는
쉽게 끝나지
않을 것 같다.

15화

최근의 수상한 소식들

바람 잘 날 없는
코인 세상.

오늘도
코인 나라는
평화롭습니다.

그런데 알고 보니,

엥, 코인을 팔았잖아.

펌프건 덤프건 할 건 다 한 셈이다.*

나란 남자, 그런 남자.

이런데도 큰 이슈가 안 된 까닭은,

머스크 정도면 말썽 축에도 안 끼어서죠.

엄청난 소식이 많네요.

* 2022년 9월, 일론 머스크는 "금전적 이익과 즐거움을 위해 도지코인을 피라미드 사기에 이용했다"며 투자자들로부터 소송을 당했다. 소송액수는 2580억 달러(약 346조 원).

말만 오가는 사이에 도권은 멀리 세르비아 땅에 가서 살림을 차렸다.

아무도 잡지 않던데.

세르비아에 살며 다량의 비트코인도 출금했다고 한다.*

이럴 땐 비트코인이 투명하다니까요.

* 2023년 3월 23일, 권도형은 몬테네그로의 공항에서 두바이행 비행기에 탑승하려다 위조 여권이 발각되어 체포당했다.

코인 묵시록

그러고 보니
테라·루나
관련 소식이 또…

2022년 5월,
테라·루나 가격이
흔들리기
시작했을 때,

"이때다!" 하고
팔아치운
큰손이 있었는데,

* 2023년 3월 27일, 미국 정부(상품선물거래위원회, CFTC)는
  창평자오와 거래소 바이낸스가 규제를 위반했다며 제소했다.

그런데 이 중에서도 가장 수상한 뉴스는,

이미 세상을 떠난 제럴드 코튼의 소식일 것이다.

코튼이 죽으면서 그가 관리하던 거래소 지갑을 열지 못하게 됐다

고 알려졌다.

얼라리요...

그런데 코인데스크 US의 보도에 따르면

2022년 12월 20일 자

만에 하나,
코튼이 살아서
돌아온다고 해도,

거래소
계좌에

남은 돈이 별로 없어서
피해 복구는 안 될 듯요.

희망 고문
일 뿐.

그것 참
평화롭군,
평화로워.

16화

실크로드와
위험한 실험

비트코인 그거,
비싸기만 하고
어디에 쓴담?

이라는 말을 듣는다.

비트코인이 돈처럼 결제 수단으로 쓰인 경우도 있다.

2010년에는 래슬로 핸예크가 피자를 사 먹었고,

한때는 비트코인만 받는 쇼핑몰도 있었다…

17화

실크로드,
10년 후

위험한 실험에 나선
공포의 해적
로버츠.

규제가 없을 때
사람은 어떤 선택을
할까요?

선?
또는 악?

본명은
로스 울브리트,
직업은
중고책 판매.

이 일과
이런저런 실수 때문에
공포의 해적
로버츠의 정체가
탄로 난다.

2013년 11월,
로스 울브리트는
샌프란시스코의
공공도서관에서
체포된다.

로스 울브리트를
수사하던
칼 포스 4세도
체포되었는데,

코인 록시록

• 2023년 4월 14일, 뉴욕연방법원은 제임스 종에게
  1년 1일의 징역형을 선고했다.

제5부

블록체인의 미래

코인을 위한 변명

18화

크고 작은
사기 사건이
끊이지 않는
코인 세상.

2022년 4월
전자신문 기사에
따르면,

2017~2022년
형사사건 판결로 본
한국 가상자산 범죄
1위는

다름 아닌
보이스피싱
이라고 한다.

코인 묵시록

거래소 사건 사고나 디파이 먹튀 논란도 끊이지 않는 레퍼토리다.

저 말부터 너무 복잡하죠…

코인에 올인했다 재산을 날렸다

는 사연도 자주 듣는다.

가상자산에 대한 부정적 인식이 널리 퍼질 만도 하다.

보이스피싱은 오래된 수법이다.
가상자산 이전부터 있어왔다.

폰지 사기도
피라미드 사기도
닳고 닳은 수법이다.
가상자산 훨씬
전부터 있었다.

가상자산?
그게 뭐임?

중앙화된 거래소와
사이가 좋지 않은
것으로 되어 있다.

원칙은
그렇다는
이야기.

중앙화된 거래소는
수수료를 받고
돈(코인)을 판다.
시세에 영향을
미칠 수도 있다.

탈중앙화 좋아하는
사람들 보기에,

기존 은행과
다를 게 무어냐

…는 이야기다.

비트코인과
이더리움이
꿈꾸던 세상은,
힘센 은행이 없는
세상이었다.

돈과 권력이
결탁하지 않는
세상이었고,

정부와 국가가 없어도
알아서 잘 돌아가는
세상이었다.

그런데
현실은
ㄷㄷㄷ.

19화

코인이 꿈꾸던 세상

사토시 나카모토가 보기에
세상은 이랬다.

은행
없이

정부
없이

경제 시스템을
유지하기란
쉽지 않을걸?

은행과 정부

그러니
은행과 정부가
잘못을 좀 해도,
개인이 참아야
하는 거야.

비트코인은 출발부터
정부와 사이가
좋지 않았다.

미국 정부가
위키리크스 사이트의
계좌를 막았을 때,

위키리크스는
비트코인으로
후원금을 받았다.

정체 모를 인물
사토시 나카모토가
달러를 흔들지도 모를
국제통화를 만든
셈이다.

숨어 살 만
하다니까.

뒤이어 나온
이더리움도
비트코인 못지않았다.
이더리움을 개발한
비탈릭 부테린은,

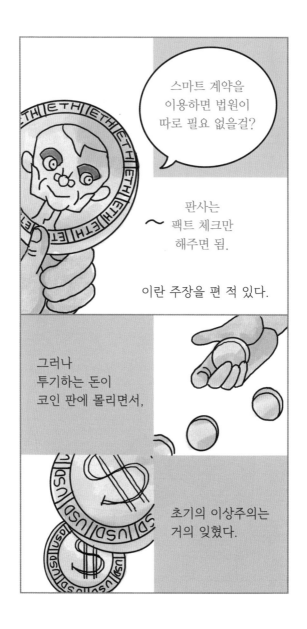

19화 코인이 꿈꾸던 세상

한때
달러를
대신하겠다던
코인은,

이제
달러를 벌어들이는
수단이 되었고,

한때 코인을
무시하기만 하던
달러는,

이제 코인을
자산으로
받아들이는 척
하면서,

과연 앞으로
어떤 일이
펼쳐질까?

20화

러그풀 사기 대 NFT

종잇조각일 뿐인
달러가 가치를
인정받는 이유는,

사람들이
미국 정부의 보증을
믿기 때문이다.

OK

비트코인과
이더리움이
비싼 값에
거래되는 이유는,

코인의 가치를
믿는 사람이
많아졌기
때문이다.

'러그'는 바닥에 까는
깔개를 뜻한다.
"나중에 돈이 될
NFT를 판다"고
손님들을 모아놓고,

rug

러그

러그를 확
잡아 뽑은 다음,

pull

모인 돈을 들고
튀는 방법이다.

우리 말로 하면
'먹튀 사기'라고
할까요.

이런
구태의연한 방법이
요즘 같은 시대에
먹힌 까닭은,

디지털 예술을 하는
뛰어난 아티스트들이
가명을 많이 쓰기
때문일 것이다.

큰돈이 걸린 프로젝트에서 운영하는 사람이 본명을 숨겨도,

처음 보는 아티스트겠거니

하고 넘어간 것이다.

그러나 나는 NFT의 미래를 비관하지만은 않는다.

디지털 예술 작품 거래에 NFT만 한 수단이 여전히 없기 때문이다.

디지털 예술 시장이
어느 정도
자리가 잡히면,

구태의연한 사기도
많이 줄어들 것이다.

새로운 사기가
등장하겠지만.

NFT로
수익을 올린
창작자가 있긴 있다.

NFT와 웹툰을
결합하는 실험 역시
여러 곳에서
진행 중이다.

다만,
NFT 투자로 수익을
볼 수 있을지는
아직 몰라요.

비트코인도 NFT도
21세기에 등장한
흥미로운 발명이다.

'중앙관리자 없이도 보존되는 데이터'라는 점에서 참신하다.

그런데 이 발명품을 어떻게 사용할지, 아직 인간 사회는 합의하지 않았다.

앞으로도 한동안 다양한 실험이 이루어질 것 같다.

지금의 크립토 겨울이 지나가고 나면,

사람들은 또
어떤 블록체인 실험에
열광할 것인가?

그리고
어떤 신종 사기가
또 등장할까?

코인의 미래?

『코인묵시록』을 그리면서,
2000년 닷컴버블이 자꾸 생각나더라고요.
그때도 저는 '벤처 기업'에서 관찰할 기회가 있었거든요.

첫째, 닷컴 산업이 결국은 살아남은 것처럼,
블록체인 산업도 쉽게 사라지지는 않을 것 같아요.
사라지기엔 너무 멀리 와버렸죠.

둘째, 지금의 크립토 겨울이 지나면,
블록체인 업계에도 다시 봄이 오지 않겠어요?
닷컴 때도 그랬죠.
그렇다고 코인을 마구 사들일 수도 없죠.

셋째, 다음 봄이 올 때 어떤 코인이 뜰지는 아무도 모릅니다.
예를 들어, 구글이 지금처럼 뜰 줄은 옛날엔 몰랐지요.

『코인묵시록』 만화를 재미있게 읽어주셔서 정말 감사드립니다!

부록

코인 사기 Q&A
용어 해설

코인 사기 Q&A

아래 항목 중 하나 이상 해당하는 가상자산은 거래 시 반드시 주의하세요!

프로젝트를 진행하는 사람들에 대해서 알려진 것이 너무 없는데, 투자해도 괜찮을까요?

사토시 나카모토의 예에서 볼 수 있듯, 코인세계에는 프로젝트를 진행하는 사람들이 익명 뒤로 자신을 숨기는 경우가 많습니다. 그러니 프로젝트 진행자의 신상 정보가 없더라도 걱정부터 할 필요는 없습니다. 하지만 관련자의 이전 프로젝트 등 정보가 알려진 것이 너무 없다면 '러그풀 사기'는 아닌지 의심해보는 것이 좋습니다. 돈만 받아놓고 어느 날 갑자기 사라져도 손쓸 방법이 없다면 더더욱요.

높은 이자를 준다고 수치까지 콕 집어 장담하는 상품, 괜찮을까요?

디파이 서비스 가운데 상식적으로 이해가 안 되는, 천문학적인 높은 이자를 주는 경우가 제법 있으므로 이자가 높다고 무조건 사기인 것은 아닙니다. 정말 믿기 어려운 정도로 높은 이자를 받는 경우도 있고요. 코인시장이 워낙 불안정하기 때문입니다.

그러나, 바로 그렇기 때문에 몇 퍼센트의 이자를
주겠다고 확실하게 숫자로 못 박아 약속을 하고 있다면
사기를 의심해볼 만합니다. 시장이 불안정한데
어떻게 구체적인 액수의 이자를 약속할 수 있겠어요.
'이자' 명목으로 신규 가입자의 돈을 나눠주는
'폰지 사기'가 아닌지 의심해볼 필요가 있습니다.

회원을 소개하면 보상으로 코인을 준다는데요?

비트코인을 비롯해 블록체인은 처음부터
'익명의 개인 채굴자'를 전제한 시스템이에요.
그런데 블록체인에 가입할 회원을 모아오라니, 뭔가
수상합니다. '불법 다단계 사기'를 의심해볼 수 있습니다.

원코인이 이런 방식으로 회원을 모으고 먹튀를 했죠.
투자자 사이에 소개한 회원 수를 기준으로 등급 매기기가
이루어지고 있다면 더욱 수상합니다.

**유명인이 언급한 후 가격이 막 오르고 있는데,
사도 될까요?**

유명 인사가 언급한 뒤 특정 코인의 가격이
갑자기 뛰고 있다면 '펌프&덤프' 작전일 수 있습니다.
유명인이라고 하여 항상 믿을 만한 것은 아니에요.
다른 분야에서는 믿을 만한 인물이라 해도
코인시장에서는 평판이 나쁜 경우도 있죠.

여러 면에서 그 사람의 평판을 찾아보면 좋습니다.
이전에도 비슷한 펌프&덤프 작전에 얽혔다는 의혹이
있었던 사람이라면, 이 사람이 추천하는 코인은
조심해야 합니다.

 **거래소에서 취급하는 코인의 종류가
너무 많거나 너무 적은 게 문제가 될까요?**

거래소에서 취급하는 코인의 종류가 너무 많다면
조심할 필요가 있습니다(투자할 만한 가치가 있는 코인이
그렇게까지 세상에 많을지 모르겠네요).
어떤 코인은 운영이 부실하거나 대놓고 스캠코인인데,
단지 종수를 채우기 위해 거래소에서 상장해주는
코인일 수도 있거든요. 최악의 경우, 상장해주는 대가로
거래소 사람이 뒷돈을 받는 상장 사기 코인일 수도
있습니다. 거래소 상장 사기 사건은 잊을 만하면
뉴스에 나오는, 흔한 사건 사고 중 하나입니다.

반면 거래소에서 다루는 코인의 수가 너무 적은 것도
좋은 신호만은 아닙니다. 믿을 만한 코인만 엄선해서
올린다는 점은 좋습니다. 그러나 거래하는 코인의 수가
적을 경우 이용자도 적을 것이고, 이용자가 너무 적으면
시세 조종을 당할 가능성이 있습니다.
작전세력의 먹잇감이 되기 좋은 것이죠.

코인 사기에 명의가 도용되었다고
'수사 당국'에서 전화가 왔는데, 어떡하죠?

"코인 사기에 명의가 도용되었다"며 '경찰' 또는 '검찰'이
전화를 걸어올 경우, 보이스피싱 사기를 의심해야 합니다.
개인 정보를 요구하거나 특정 구좌로 돈을 보내라고
요구한다면 더욱 수상하죠. 한국의 가상자산 관련 사기 중
가장 많은 것이 보이스피싱 사기라고 합니다.

자체 거래소에서만 거래할 수 있는 코인, 괜찮나요?

자체 거래소 또는 특정 거래소에서만 거래할 수 있도록
해놓은 가상자산은 스캠코인일 가능성이 있습니다.
어쩌면 블록체인조차 만들어놓지 않았을지도 모릅니다
(원코인의 경우가 그랬죠). 어느 날 갑자기
'자체 거래소'라고 알려진 사이트를 닫고 경영진이
잠적해버리면 투자자는 돈을 날리게 되는 셈입니다.

실생활에서도 코인을 사용할 수 있다며 자체 '쇼핑몰'을
여는 경우도 있습니다. 실생활에서 사용할 수 있다는
점에서 위의 사례와 정반대의 상황으로 보이지만,
이때도 주의해야 합니다. 좋은 물건이 올라오지 않거나
가격이 실제 매장보다 오히려 비싼 경우,
또는 물건의 가짓수가 지나치게 적은 경우,
가상자산 프로젝트가 사기일 가능성이 있거든요.
고전적인 피라미드 사기에서 자주 쓰이던 수법입니다.

디지털 아트를 사려는데, 너무 싸요. 사도 될까요?

유명 아티스트의 디지털 아트를 수상할 정도로 싸게
판매하는 경우 '저작권 사기'일 가능성이 있습니다.
디지털 파일은 무한 복제가 가능하기 때문에
유명 아티스트의 파일을 무단으로 복사 및 붙여넣기
(카피 앤 페이스트)해서 NFT를 발행할 수 있죠.
유명 아티스트 또는 유명한 인물이 직접 발행하지 않은
NFT는 나중에 제대로 된 값을 받기 어렵습니다.
수상하다 싶을 때는 조심하는 것이 상책.
유명 인사 본인이 발행한 NFT가 맞는지,
'블루체크' 등 인증이 되어 있는지 확인해보아야 합니다.

용어 해설

거래소 사기

가상자산의 흐름은 블록체인 네트워크에 기록되고, 현실세계의 자산은 은행 등 금융기관에 기록된다. 이 둘을 잇는 다리가 가상자산 거래소다. 블록체인 네트워크에서 직접 가상자산을 거래하기는 번거롭다. 그 일을 거래소가 대신 해준다. 그러다 보니 거래소가 마음먹고 사기를 칠 경우, 피해가 막심하다. 캐나다의 거래소 쿼드리가 CX에 얽힌 사건이 그 예다.

사기의 의도가 없지만 부실하게 운영되는 거래소도 문제다. 일본의 거래소 마운트곡스가 부실한 보안 때문에 파산한 사건이 유명하다. 그 밖에 거래소에 상장해주는 대가로 코인 업체에게 뒷돈을 받는 일도 있다. 거래소 상장에 얽힌 불법 행위다. 한국에서도 몇 년에 한 번씩 뉴스에 나온다. 이렇듯 부실한 코인이 걸러지지 않고 거래소에 버젓이 상장되면 피해는 투자자의 몫이다. 펌프&덤프 등 다른 사기 행위에 이용되기도 한다.

러그풀 사기

간단히 말해 '먹튀' 사기다. 이름의 유래는 '러그' 위에 올라서게 한 다음 '러그'를 '풀' 하는(잡아당기는) 사기라는 뜻이다. 러그 위에 서

있던 사람은 영문도 모른 채 바닥에 꽈당 넘어질 것
이다. 들고 있던 소지품도 러그에 딸려갈 것이다.
회원을 모으고 돈을 받은 다음 갑자기 사이트를 닫
고 사라지는 사기 방법이다.

전통적인 사기가 NFT 등 블록체인 프로젝트로 이동한 셈. 문제는
그 규모와 속도다. 옛날 방식은 동네에서 알음알음 모은 돈을 들고
야반도주하는 방식이었는데, 블록체인 시대의 러그풀 사기는 국제
적인 규모로 이루어진다. 잡아내기도 힘들고 돈 돌려받기도 그만큼
어렵다.

메타버스와 블록체인

메타버스에 사람들이 모이고 가상의 아이템을 거래할 때 가상자산
을 결제 수단으로 이용하리라는 기대가 크다. 그러나 아직 이렇다
할 성공 사례는 나오지 않았다.

소수점 사기

마음이 급하고 눈이 침침하면 쉼표(,)와 마침표(.)를 구별하기가 어
렵다. 1,000달러는 천 달러이지만 1.000달러는 일 달러다. 예를 들
어 950코인 정도의 가치가 있는 나의 가상자산을 거래소에 올렸
을 때, 누가 1.000코인에 사겠다고 제안해올 수 있다. 이때 1,000

코인으로 보고 거래에 응하면 큰 손해를 보게 된다. 소수점에 속아 1000분의 1 값을 받기 때문이다. 스마트컨트랙트는 취소가 사실상 불가능하기 때문에 숫자를 주의해서 살펴봐야 한다. 이 점을 악용하는 사기 수법이다.

웹 3.0

웹에 세 가지 세대가 있다고 말한다. 웹 1.0은 주로 읽기 전용이었다. 내용을 생산하는 사람과 내용을 이용하는 사람이 따로 있었다. 일방적인 소통 방식의 홈페이지나 옛날 웹진 등이 해당된다.

웹 2.0은 읽기와 쓰기가 가능한 인터넷이다. 내용을 생산하는 사람과 이용하는 사람의 구별이 거의 없다. 양방향 소통이 가능하다는 의미다. 그러나 이익은 플랫폼을 운영하는 쪽에서 대부분을 차지한다.

웹 3.0에 대해서는 현재 대강의 구상이 나와 있다. 플랫폼이 독점하던 이익을 내용 생산자와 이용자가 나누어 가지게 된다는 구상이다. 읽기와 쓰기뿐 아니라 소유에도 내용의 생산자와 이용자가 참여한다는 이상적인 그림이다. 그러나 구체적인 방법은 아직 모른다. 블록체인을 이용하면 이 구상을 현실화할 수 있다고 이야기하는 정도다. 미래에 기대해본다.

저작권 사기

NFT 사기의 유형이다. 다른 아티스트 이름을 가져다 쓰거나 숫제 디지털 아트 작품을 긁어다 파는 행위다. 전통적인 사기 방법 '짝퉁' 과 비슷하다고 할 수 있는데, 디지털 아트의 경우 진품과 짝퉁을 구 별하기가 매우 곤란하기 때문에 저작권 사기가 더 문제다.

게다가 사기의 의도를 밝히기가 상당히 까다롭다. 내가 팬으로서 아무개의 이름이 나오는 NFT를 만들었다거나 아무개 작가에 대한 패러디 또는 오마주라고 주장한다면? 법으로 다툴 여지가 있다. 최근 이미지 생성 AI가 보급되면서 저작권 사기 문제는 더 복잡해질 전망이다.

펌프&덤프

가격을 인위적으로 띄우는 것을 '펌프'라고 한다. 가격을 띄우는 방 법은 여러 가지다. 트위터나 디스코드 같은 SNS에 리딩방을 열고 여러 사람이 세력을 꾸려 한날한시에 코인을 비싸게 사들이는 작전 이 있다. 거래소 상장 등 이벤트를 이용하기도 한다.

대량으로 팔고 이익을 실현하는 것을 '덤프'라고 한다. 큰손들이 덤 프를 통해 이익을 보면 가격이 폭락하기 때문에 늦게 뛰어든 개미 투자자는 큰 피해를 본다.

주식시장에서 자주 사용되던 고전적인 방법이거니와 가상자산시장에서는 더 빠르고 규모가 더 크다. 옛날 주식시장에서 며칠씩 걸리던 펌프 과정이 몇 분 몇 초로 줄어들었다는 이야기도 있다.

펌프&덤프 사기는 거래 내역 그래프에 흔적을 남긴다. 피뢰침 모양 위로 뾰족한 그래프가 남았다면 펌프&덤프 사기를 당했다고 볼 근거가 된다. 최근 청부 살인 의혹을 받는 퓨리에버코인의 가격 추이가 이랬다. 거래소 상장 때 반짝 피크를 찍고 직후 곤두박질친 상태. 일론 머스크가 도지코인과 비트코인을 언급하면 가격이 오른다. 머스크가 펌프&덤프로 시세를 조종하는 것이 아니냐는 시선이 있다. 머스크 본인이 "나는 펌프만 하고 덤프는 하지 않는다"고 뻔뻔하게 말해 입길에 오르기도 했다.

폰지 사기 또는 폰지 방식

고전적인 금융 사기 방식이다. 고수익을 약속하고 신규 투자자가 들어오면 신규 투자자가 맡긴 돈을 예전에 투자한 투자자에게 '수익'이라고 속여 지급한다. 한동안은 '수익'이 나고 입소문이 나면서 신규 투자자가 모이겠지만, 아무래도 지속 가능한 방식은 되지 못한다. 어느 순간에는 사달이 나게 되어 있다. 권도형이 높은 이자를 약속한 앵커프로토콜이 폰지 방식이 아니었냐는 의혹이 있다. 천문학적 수익을 약속했던 많은 디파이 서비스들 역시 마찬가지 의혹을 받는다.

폰지 방식과 폰지 사기를 구별하자고 말하는 사람도 있다. 글쎄, 두

가지를 엄밀하게 구별하는 일은 법정에서나 가능할지 모르겠다. 하지만 건실한 서비스도 정착하기 전 초기에는 폰지 방식으로 운영되는 경우가 왕왕 있다. 어느 쪽이건 투자자 입장에서는 달갑지 않은 이야기다.

피라미드 사기

피라미드 사기는 합법적인 다단계 판매와는 다르다. 합법적인 다단계 판매는 수익이 다단계 네트워크 외부에서 오지만, 피라미드 사기는 신규 투자자의 돈 일부가 기존 투자자의 수익으로 간다. 폰지 사기와 결합되어 막심한 피해를 낳기도 한다.

한때 '크립토여왕'으로 유명했던 루자 이그나토바의 원코인이 피라미드+폰지+스캠코인+거래소 사기가 결합된 형태였다.

피싱 사기

전통적인 피싱 사기가 그 무대를 가상자산시장으로 옮겨왔다. 거래소 이름으로 메일이나 링크를 보내고 확인하게 하여 개인 정보를 빼낸다거나, 거래소와 꼭 닮은 가짜 사이트를 만들어 접속하게 한 후 개인 정보를 빼내기도 한다. 디스코드나 텔레그램을 이용한 피싱도 있다.

지극히 고전적인 방식인 무작위 전화를 통한 보이스피싱도 여전하다. 경찰 또는 검찰을 사칭하며 코인 사기를 당했다고 전화하면서 개인 정보를 빼내는 일이 많다고 한다. 이렇게 빼낸 개인 정보로 피해자의 돈까지 빼내는 것이다.

NFT

대체 불가능한 토큰(NFT)이 무엇인지에 대한 자세한 설명은 반복하지 않겠다. 현재까지 NFT는 디지털 예술 작품을 거래하는 좋은 수단으로 인식되고 있다. 디지털 아티스트 비플의 작품이 특별히 비싼 값으로 거래된 것이 NFT 예술품 거래의 유행을 낳았다.

NFT는 회원들을 모으는 멤버십의 기능도 한다. 크립토펑크나 보어드에이프요트클럽 등이 좋은 예다. 그러나 적지 않은 경우 자전 거래의 의혹이 있다. 수익을 거두는 NFT의 경우는 사기꾼들이 호시탐탐 노리는 소재이기도 하다.

코인 묵시록

김태권 지음

초판 1쇄 발행일 2023년 5월 12일

발행인 | 한상준
편집 | 김민정·강탁준·손지원·정수림·최정휴
디자인 | 김경희
마케팅 | 이상민·주영상
관리 | 양은진

발행처 | 비아북(ViaBook Publisher)
출판등록 | 제313-2007-218호(2007년 11월 2일)
주소 | 서울시 마포구 월드컵북로 6길 97(연남동 567-40)
전화 | 02-334-6123 전자우편 | crm@viabook.kr
홈페이지 | viabook.kr

ⓒ 김태권, 2023
ISBN 979-11-92904-10-8 03300